Geometry and Measurement Grade 2 Math Essentials Children's Geometry Books

All Rights reserved. No part of this book may be reproduced or used in any way or form or by any means whether electronic or mechanical, this means that you cannot record or photocopy any material ideas or tips that are provided in this book

Copyright 2016

Exercise Number: 1

Name: _____   Score: _____

Converting Units. *Show your solutions in the space provided.*

1. 48 in = _____ ft   **4.** 9 ft = _____ in

2. 120 in = _____ ft   **5.** 3 ft = _____ in

3. 11 ft = _____ in   **6.** 6 ft = _____ in

Exercise Number: 2

Name: _____ Score: _____

Converting Units. *Show your solutions in the space provided.*

1. 5 ft = _____ in

2. 7 ft = _____ in

3. 144 in = _____ ft

4. 96 in = _____ ft

5. 1 ft = _____ in

6. 2 ft = _____ in

Exercise Number: 3

Name: _____ Score: _____

Converting Units. *Show your solutions in the space provided.*

1. 9 ft = _____ in

2. 7 ft = _____ in

3. 7 ft = _____ in

4. 108 in = _____ ft

5. 96 in = _____ ft

6. 1 ft = _____ in

Exercise Number: 4

Name: _____ Score: _____

Converting Units. *Show your solutions in the space provided.*

1. 36 in = _____ ft

4. 36 in = _____ ft

2. 5 ft = _____ in

5. 132 in = _____ ft

3. 12 ft = _____ in

6. 1 ft = _____ in

Exercise Number: 5

Name: _____ Score: _____

Converting Units. *Show your solutions in the space provided.*

1. 120 in = _____ ft

2. 7 ft = _____ in

3. 6 ft = _____ in

4. 96 in = _____ ft

5. 9 ft = _____ in

6. 5 ft = _____ in

Exercise Number: 6

Name: _____ Score: _____

Converting Units. Show your solutions in the space provided.

1. 21 ft = _____ yd

2. 6 ft = _____ yd

3. 11 yd = _____ ft

4. 5 yd = _____ ft

5. 12 ft = _____ yd

6. 3 ft = _____ yd

Exercise Number: 7

Name: _____ Score: _____

Converting Units. *Show your solutions in the space provided.*

1. 36 ft = _____ yd

4. 30 ft = _____ yd

2. 6 yd = _____ ft

5. 9 ft = _____ yd

3. 27 ft = _____ yd

6. 24 ft = _____ yd

Exercise Number: 8

Name: _____ Score: _____

Converting Units. *Show your solutions in the space provided.*

1. 10 yd = _____ ft   **4.** 11 yd = _____ ft

2. 4 yd = _____ ft   **5.** 3 yd = _____ ft

3. 3 yd = _____ ft   **6.** 6 yd = _____ ft

Exercise Number: 9

Name: _____ Score: _____

Converting Units. *Show your solutions in the space provided.*

1. 8 yd = _____ ft

2. 21 ft = _____ yd

3. 5 yd = _____ ft

4. 3 ft = _____ yd

5. 9 yd = _____ ft

6. 12 yd = _____ ft

Exercise Number: 10

Name: _____ Score: ____

Converting Units. *Show your solutions in the space provided.*

1. 33 ft = _____ yd

2. 4 yd = _____ ft

3. 21 ft = _____ yd

4. 2 yd = _____ ft

5. 18 ft = _____ yd

6. 24 ft = _____ yd

Exercise Number: 11

Name: _____ Score: _____

Converting Units. *Show your solutions in the space provided.*

1. 10 mm = _____ cm   4. 20 mm = _____ cm

2. 4 cm = _____ mm   5. 7 cm = _____ mm

3. 60 mm = _____ cm   6. 5 cm = _____ mm

Exercise Number: 12

Name: _____ Score: ____

Converting Units. *Show your solutions in the space provided.*

1. 8 cm = _____ mm

2. 10 cm = _____ mm

3. 3 cm = _____ mm

4. 90 mm = _____ cm

5. 1 cm = _____ mm

6. 7 cm = _____ mm

Exercise Number: 13

Name: _____ Score: _____

Converting Units. *Show your solutions in the space provided.*

1. 6 cm = _____ mm
2. 80 mm = _____ cm
3. 50 mm = _____ cm
4. 20 mm = _____ cm
5. 9 cm = _____ mm
6. 100 mm = _____ cm

Exercise Number: 14

Name: _____ Score: ____

Converting Units. *Show your solutions in the space provided.*

1. 90 mm = _____ cm   **4.** 4 cm = _____ mm

2. 3 cm = _____ mm   **5.** 9 cm = _____ mm

3. 5 cm = _____ mm   **6.** 7 cm = _____ mm

Exercise Number: 15

Name: _____ Score: _____

Converting Units. *Show your solutions in the space provided.*

1. 8 cm = _____ mm   4. 3 cm = _____ mm

2. 2 cm = _____ mm   5. 10 mm = _____ cm

3. 6 cm = _____ mm   6. 100 mm = _____ cm

Exercise Number: 16

Name: _____ Score: _____

Converting Units. *Show your solutions in the space provided.*

1. 2,000 m = _____ km   4. 5,000 m = _____ km

2. 4 km = _____ m   5. 3 km = _____ m

3. 10,000 m = _____ km   6. 8 km = _____ m

Exercise Number: 17

Name: _____ Score: _____

Converting Units. *Show your solutions in the space provided.*

1. 9,000 m = _____ km   **4.** 6,000 m = _____ km

2. 7,000 m = _____ km   **5.** 2 km = _____ m

3. 1 km = _____ m   **6.** 2 km = _____ m

Exercise Number: 18

Name: _____ Score: _____

Converting Units. *Show your solutions in the space provided.*

1. 1,000 m = _____ km   4. 7 km = _____ m

2. 3 km = _____ m   5. 6 km = _____ m

3. 3 km = _____ m   6. 9 km = _____ m

Exercise Number: 19

Name: _____   Score: _____

Converting Units. *Show your solutions in the space provided.*

1. 4 km = _____ m   **4.** 7 km = _____ m

2. 3 km = _____ m   **5.** 4 km = _____ m

3. 10 km = _____ m   **6.** 2 km = _____ m

Exercise Number: 20

Name: _____ Score: ____

Converting Units. *Show your solutions in the space provided.*

1. 5 km = _____ m   4. 6 km = _____ m

2. 1 km = _____ m   5. 3,000 m = _____ km

3. 8,000 m = _____ km   6. 9,000 m = _____ km

Exercise Number: 21

Name: _____ Score: _____

Find the area of the square/rectangle shaded.

Area: _____ square units

Exercise Number: 22

Name: _____ Score: _____

Find the area of the square/rectangle shaded.

Area: _____ square units

Exercise Number: 23

Name: _____ Score: _____

Find the area of the square/rectangle shaded.

Area: _____ square units

Exercise Number: 24

Name: _____ Score: ____

Find the area of the square/rectangle shaded.

Area: _____ square units

Exercise Number: 25

Name: _____ Score: _____

Find the area of the square/rectangle shaded.

Area: _____ square units

Exercise Number: 26

Name: _____ Score: _____

Find the area of the square/rectangle shaded.

Area: _____ square units

Exercise Number: 27

Name: _____ Score: _____

Find the area of the square/rectangle shaded.

Area: _____ square units

Exercise Number: 28

Name: _____ Score: _____

Find the area of the square/rectangle shaded.

Area: _____ square units

Exercise Number: 29

Name: _____ Score: _____

Find the area of the square/rectangle shaded.

Area: _____ square units

Exercise Number: 30

Name: _____ Score: _____

Find the area of the square/rectangle shaded.

Area: _____ square units

Exercise Number: 31

Name: _____ Score: ____

Finding the circumference and diameter.

Draw a circle with 3 cm radius.
Then compute its circumference and diameter.

Circumference: ____ cm
Diameter: ____ cm

Exercise Number: 32

Name: _____ Score: ____

Finding the circumference and diameter.

Draw a circle with 4 cm radius.
Then compute its circumference and diameter.

Circumference: ____ cm
Diameter: ____ cm

Exercise Number: 33

Name: _____ Score: _____

Finding the circumference and diameter.

Draw a circle with 5 cm radius.
Then compute its circumference and diameter.

Circumference: _____ cm
Diameter: _____ cm

Exercise Number: 34

Name: _____ Score: _____

Finding the circumference and diameter.

Draw a circle with 6 cm radius.
Then compute its circumference and diameter.

Circumference: _____ cm
Diameter: _____ cm

Exercise Number: 35

Name: _____ Score: _____

Finding the circumference and diameter.

Draw a circle with 7 cm radius.
Then compute its circumference and diameter.

Circumference: _____ cm
Diameter: _____ cm

ANSWERS

1. 4 ft	1. 10 ft	1. 24 ft	1. 60 mm
2. 10 ft	2. 84 in	2. 7 yd	2. 8 cm
3. 132 in	3. 72 in	3. 15 ft	3. 5 cm
4. 108 in	4. 8 ft	4. 1 yd	4. 2 cm
5. 36 in	5. 108 in	5. 27 ft	5. 90 mm
6. 72 in	6. 60 in	6. 36 ft	6. 10 cm
1. 60 in	1. 7 yd	1. 11 yd	1. 9 cm
2. 84 in	2. 2 yd	2. 12 ft	2. 30 mm
3. 12 ft	3. 33 ft	3. 7 yd	3. 50 mm
4. 8 ft	4. 15 ft	4. 6 ft	4. 40 mm
5. 12 in	5. 4 yd	5. 6 yd	5. 90 mm
6. 24 in	6. 1 yd	6. 8 yd	6. 70 mm
1. 108 in	1. 12 yd	1. 1 cm	1. 80 mm
2. 84 in	2. 18 ft	2. 40 mm	2. 20 mm
3. 84 in	3. 9 yd	3. 6 cm	3. 60 mm
4. 9 ft	4. 10 yd	4. 2 cm	4. 30 mm
5. 8 ft	5. 3 yd	5. 70 mm	5. 1 cm
6. 12 in	6. 8 yd	6. 50 mm	6. 10 cm
1. 3 ft	1. 30 ft	1. 80 mm	1. 2 km
2. 60 in	2. 12 ft	2. 100 mm	2. 4,000 m
3. 144 in	3. 9 ft	3. 30 mm	3. 10 km
4. 3 ft	4. 33 ft	4. 9 cm	4. 5 km
5. 11 ft	5. 9 ft	5. 10 mm	5. 3,000 m
6. 12 in	6. 18 ft	6. 70 mm	6. 8,000 m

ANSWERS

1. 9 km
2. 7 km
3. 1,000 m
4. 6 km
5. 2,000 m
6. 2,000 m

1. 1 km
2. 3,000 m
3. 3,000 m
4. 7,000 m
5. 6,000 m
6. 9,000 m

1. 4,000 m
2. 3,000 m
3. 10,000 m
4. 7,000 m
5. 4,000 m
6. 2,000 m

1. 5,000 m
2. 1,000 m
3. 8 km
4. 6,000 m
5. 3 km
6. 9 km

---

20 square units

21 square units

20 square units

28 square units

24 square units

18 square units

25 square units

48 square units

15 square units

18 square units

C = 18.85 cm
D = 6 cm

C = 25.13 cm
D = 8 cm

C = 31.42 cm
D = 10 cm

C = 37.7 cm
D = 12 cm

C = 43.98 cm
D = 14 cm

www.ingramcontent.com/pod-product-compliance
Lightning Source LLC
Chambersburg PA
CBHW041225040426
42444CB00002B/50